新雅·成長館

情緒 小管家

不用害羞，放膽說

吉爾·赫遜 著
莎拉·詹寧斯 繪

請翻閱本書，你會學習到一些方法，幫助你在人前更有自信。

你感到害羞嗎？

新雅文化事業有限公司
www.sunya.com.hk

新雅·成長館

情緒小管家：不用害羞，放膽說

作　　者：吉爾·赫遜（Gill Hasson）
繪　　圖：莎拉·詹寧斯（Sarah Jennings）
翻　　譯：何思維
責任編輯：黃楚雨
美術設計：鄭雅玲
出　　版：新雅文化事業有限公司
　　　　　香港英皇道499號北角工業大廈18樓
　　　　　電話：（852）2138 7998
　　　　　傳真：（852）2597 4003
　　　　　網址：http://www.sunya.com.hk
　　　　　電郵：marketing@sunya.com.hk
發　　行：香港聯合書刊物流有限公司
　　　　　香港荃灣德士古道220-248號荃灣工業中心16樓
　　　　　電話：（852）2150 2100
　　　　　傳真：（852）2407 3062
　　　　　電郵：info@suplogistics.com.hk
印　　刷：中華商務彩色印刷有限公司
　　　　　香港新界大埔汀麗路36號
版　　次：二〇二一年一月初版
　　　　　二〇二一年七月第二次印刷
版權所有·不准翻印

ISBN: 978-962-08-7650-9

Original Title: *KIDS CAN COPE : Say Hi When You're Shy*
First published in Great Britain in 2020 by The Watts Publishing Group
Copyright in the text Gill Hasson 2020
Copyright in the illustrations Franklin Watts 2020
All rights reserved
Edited by Jackie Hamley
Designed by Cathryn Gilbert

Franklin Watts, an imprint of Hachette Children's Group
Part of The Watts Publishing Group
Carmelite House
50 Victoria Embankment
London EC4Y 0DZ
An Hachette UK Company
www.hachette.co.uk
www.franklinwatts.co.uk

Traditional Chinese Edition © 2021 Sun Ya Publications (HK) Ltd.
18/F, North Point Industrial Building, 499 King's Road, Hong Kong
Published in Hong Kong, China
Printed in China

目錄

害羞是什麼？

　　你會害羞嗎？其實，不是只有你才會害羞的！每個人也有感到害羞的時候，連大人也會呢！

　　當我們在其他人面前不知道該說些什麼、做些什麼，就會感到不自在。我們嘗試新事物，或是還未習慣做某件事的時候，也會緊張起來。

要是我做錯了，給別人取笑，那怎麼辦呢？

有時候，我們表現拘謹，這表示我們善於觀察，也懂得仔細考慮事情。

當你害羞時，會有什麼感覺？

　　當你感到害羞時，可能會擔心，甚至害怕起來。你也許會覺得尷尬，感到不自在。你可能會擔心自己在別人面前顯得沒頭沒腦似的。

　　也許你的臉會發熱，心開始砰砰的跳。你的腿一直發抖，肚子也好像在翻騰。

有時候，你很想跟其他孩子一起玩耍。可是，你卻害羞得不敢加入。你可能會因此而感到難過或孤單。

　　也有些時候，你可能只想自己一個人待着，卻又擔心這樣會使別人不高興，或他們下次不再邀請你加入。

當你感到害羞時，
　　會發生什麼事？

　　當你跟其他孩子在一起，你可能會很安靜，不怎麼跟別人說話。也許你會看着別人玩耍，卻沒有跟他們一起玩。

你也可能會在大人面前感到難為情。或許你覺得很難放膽說話，因此只會含糊、低聲地說話，甚至什麼也不說。

情況就好像你的舌頭打了結，令你只能垂頭望地，希望自己能縮小，或是獨自一個人。

里奧，你好嗎？新學校怎麼樣？

唔……

害羞是正常的感覺！

如果你常常感到害羞，就可能要花多一點時間，讓自己適應新環境，並在新認識的人面前感到自在。

也許你喜歡先觀察一下，待準備好了才加入他們。

有時候，也許你只想自己一個人，獨自玩耍。

這也是正常的啊！

可是，也有些時候，當你真的想加入他們，卻不知道怎樣擺脫害羞。你不知道該說些什麼、做些什麼，也許你覺得自己給冷落了。

來跟我們一起坐吧！

不要因害羞而躲起來啊！你可以做一些事情來學習增加自信心，在別人面前也能感到自在。

知道該說什麼話

　　想一想，你在某些人面前不會害羞，那時候你的感覺是怎麼樣？這些相熟的人包括你的父母、兄弟姊妹，或是好朋友。

　　當你跟朋友、家人在一起，你會感到自在，別人也能清楚聽到你說的話。

請把茄汁給我！

　　你會感到自在和安全，會把自己喜歡和不喜歡的東西說出來。你會向他們發問，也會回答他們的問題。你跟他們相處得很好，不用擔心該怎樣跟他們說話，或是該說些什麼。

　　你也可以學用這樣的方式跟其他人輕鬆相處。

擺脫害羞，
一步一步來

開始時，想一想，哪些事情是你很怕說出來、做出來的？你可以把它們寫下來。然後，從中選出一個你沒那麼怕做的事情。

盡力想想，哪些方法可以使你沒那麼怕去做那件事？這本書的方法能幫你一把。你要不斷練習，直至有信心做那件事為止。接着，你可以在清單裏選另一件事來練習。

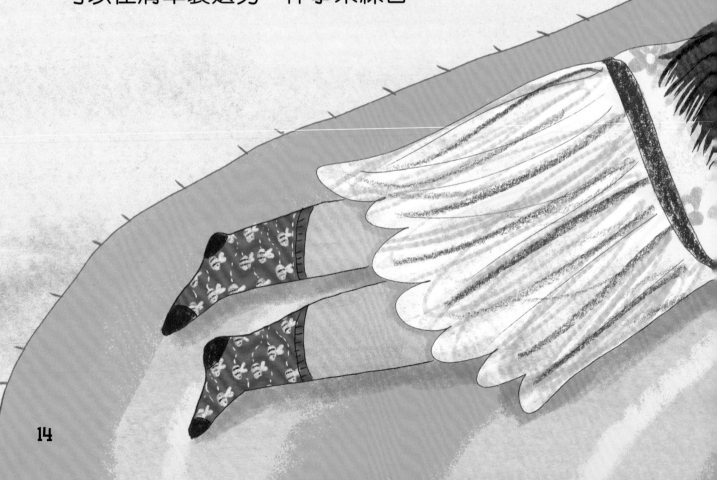

珍娜寫下自己不敢做的事，有些事她只是有點怕，有些卻是她十分害怕的。

　　然後，珍娜從第一件自己有點怕的事着手，並想出了一些方法，幫助自己去輕鬆應付。

- 提出加入別人的遊戲
- 參加派對
- 站起來，對着全班同學說話
- 告訴別人自己不想做某件事
- 在店裏付款
- 跟朋友的父母說話
- 向老師發問

邀請朋友到家裏玩

　　如果你在很多孩子面前感到不自在，那麼也許你會覺得，相比起同時面對一羣人，只有一個同伴時會較容易應付。因此，你不妨從一個友伴開始。

　　你在自己的家感到最輕鬆自在，因此，有時候請新朋友到家裏玩耍，會讓你安心一點。你可以請一個孩子到你家玩幾小時。朋友來到之前，你要想想二人可以一起做些什麼，好讓大家都過得愉快。

朋友到達後，你要盡力熱情地招待對方。

你想喝點什麼嗎？

你可問問朋友喜歡玩什麼遊戲。你也可以跟對方說說自己的想法，就是你之前想到大家可以一起做的事。

參加派對前，準備妥當

有時候，你可能很想到一些人多熱鬧的地方去。這些場合可能很有趣，但是你也可能感到很害怕。

亞爾菲擔心自己會在朋友荷莉的派對上感到害羞，因為有些他不認識的孩子也會參加派對。

亞爾菲跟媽媽決定先練習一下他可以做的事。他們用玩具來開了個虛擬的派對，假裝其中一個玩具是性格害羞的。亞爾菲讓這個玩具知道自己可以做些什麼、說些什麼。

如果你擔心自己在派對上或某個場合中會羞怯起來，不妨請一個大人或朋友幫忙，預先想想自己到時可以說些什麼話。

　　這樣，你就能收拾心情，做好準備參加派對。有些人也許會像你那樣，在派對上感到不知所措，說不定你甚至能幫助他們克服害羞的感覺呢！

參加你喜歡的活動

有時候，如果你能參加一些自己喜歡的活動，就沒那麼拘束了。你也不一定要自己一個人去參加的。

如果你能跟認識的人一起參加興趣班或新活動，就會感覺自在一點。你可問問你的朋友，看看他們是否願意跟你一起報名。

也許你喜歡做體操、踢足球、打籃球、玩板球，或者唱歌、跳舞。你學校有提供一些課外活動嗎？說不定學校有一些你會感興趣的學會，如美術學會、棋藝學會。

要是你參加了這些活動，你就可以跟有共同興趣的孩子一起玩，也有話題跟他們聊聊。

也許你要多去幾次才不會那麼害羞，這沒問題啊。

當你在大人身邊感到害羞……

有時候跟大人說話不是一件容易的事。你不妨請其他人幫你一把，想想在不同場合可以說些什麼簡單的對答。

莉絲跟祖母練習，看看自己可以怎樣跟大人說話。她記得每次也要看着對方，說話清楚，好讓對方能聽見。

不好意思，我可以摸一下你的狗嗎？

説出心中的真正想法

有時候，我們覺得很難說出自己心中的真正想法和喜惡。

這可是我的球啊！

你可能覺得很難說出自己不喜歡或不想做的一些事情。

又或是很難告訴別人自己不明白某些事，需要大家幫助。

你可能會擔心別人不理會你，或是取笑你說的話。

練習放膽說出來

有時候就算情況不容易，你還是要放膽說出來！

放膽說出來的意思是，你要禮貌而堅定地，說出自己想做或不想做的事。

不了，謝謝。
我不喜歡吃焗豆。

我不懂怎樣做功課，你可以告訴我怎樣做嗎？

我不想這樣下去啊。

　　如果你覺得很難把某些重要的事放膽說出來，就要請大人或朋友幫忙，練習把事情說清楚。對着鏡子自行練習也有幫助啊。

建立勇氣

你的需要和你的喜好，都是事關重大的。如果你不想做某件事，或是你需要幫忙，就要開口說出來！

你需要一點勇氣。意思是，就算你有點害怕，也要做些事。

你可以告訴自己「我做得到」和「沒問題的」。你可深深吸一口氣，呼氣後，看着對方。你要把話說得清楚，讓對方聽得到，知道你心裏的想法或需要。

我做得到！
沒問題的！

也許你會很意外，原來把話說出來後，心情會很暢快。每次你放膽說出話來，就會變得更有自信。

不用害羞，放膽説

當我們面對其他孩子或大人，卻不知道該說些什麼、做些什麼，就會感到害羞。當你身處新環境，跟新認識的人相處，你也許需要花多一點時間適應，才能感到自在。有時候，你可能寧願獨自一個人，這也沒問題啊！但如果你真的想跟其他人一起玩，一起聊天，你就要學會自信一點、自在一點。讓我們重溫一下這些方法：

* 請大人或朋友幫忙，一起想想在你感到害羞的場合裏，你可以說些什麼簡單的話去應對。

* 請一個新朋友到你的家，試試熱情地招待他，以及一起做些大家也喜歡做的事。

* 想想一件你很喜歡做的事，而且你也可以跟其他孩子一起做。問問你的朋友，看看對方是否願意跟你一起參加這個活動。

* 當你把心中的想法說出來之前，要跟自己說句「我做得到」。你可深深吸一口氣，然後看着對方，用對方聽得清楚的聲量說出自己喜歡或不喜歡的事。

請記住，跟別人開始交談時，你可以先說聲「你好」！

現在，你知道害羞是種正常的感覺了。

而你也知道怎樣使自己在其他人面前輕鬆自在一點。加油啊！

活動

　　以下的畫畫和寫作活動能幫助你思考如何在其他人面前自在一點。

- 把你害羞的模樣畫下來。然後，再畫下你友善的臉孔。

- 琪拉擔心自己參加朋友的野餐活動時，會感到羞怯。你認為琪拉可以做些什麼，使自己不會那麼擔心？給琪拉寫封信，向她提議野餐時可以做些什麼、說些什麼。

- 下星期就輪到安東在班上向同學介紹自己喜愛的東西，他很擔心要在全班前講話。給安東寫封信，告訴他可以怎樣做，好使自己能預備妥當，自在一點。

- 想一想，你在哪個場合經常感到不好意思？畫一幅畫，內容是你正身處那個場合，表情卻是自信、快樂的。

- 問問大人，在他們小時候，曾有什麼事令他們不自在？他們依靠什麼方法不再那麼拘束？你可以畫一幅畫，或寫一個故事，把他們那個經歷記錄下來。

- 想一想，在你跟別人說出心裏想法之前，可以跟自己說些什麼，好使自己能鼓起勇氣呢？把這些話寫下來。

給老師、家長和照顧者的話

　　為人父母，你當然希望孩子能輕鬆跟別人相處，並在社交活動裏表現自信。因此，如果你的孩子適應環境比較慢、容易羞怯、害怕跟別的孩子一起玩，或是不敢跟大人說話，你很自然感到灰心。要是你擔心孩子過於害羞，請記住，要避免直接跟孩子說，或在其他人面前指出孩子生性害羞或容易緊張。一旦這樣認定了孩子的性格，信而從之，預言就自然會應驗。你要是把孩子標籤成害羞內向的，他們就會理所當然地躲在自己的小天地裏。

　　相反，你要讓孩子有機會了解自己。例如，你可以說：

　　「你要花較多時間才能在新認識的人面前感到自在，這沒有什麼不對。」

　　「跟別人一起玩耍之前，你就是喜歡聽聽他們說些什麼，好好觀察一下。」

　　「對着相熟的人，你總能表現輕鬆，這做得好啊！像是見到鄰居和……」

　　不要干涉太多。例如，當其他大人向你的孩子提問時，要忍耐，不要急於搶着回答。反之，你要鼓勵孩子看着對方，回答別人的提問。

　　孩子需要學習一些技巧和方法，才能好好應付害羞的感覺，以及明白到這種感覺是可以克服的。《不用害羞，放膽說》正教導孩子擺脫害羞，你可以採用本書的不同方法，幫孩子一把。例如，如果某些場合容易令孩子緊張，就好像參加生日派對、跟某些人初次見面，你就可以預先跟孩子排練一下。你也可以跟孩子一起想想，哪些活動使他們感到自在，可以邀請其他孩子一起參加。

　　雖然你的孩子可以自己讀這本書，但要是你能跟孩子一起讀，大家的得益就更大了。你可以跟孩子分享一些自己感到困難的情況以及應對方法，例如：「我在公司同事面前，也會有難以啟齒的時候。但我會先深呼吸，然後把話說出來，這往往也能成功。」

　　你可以找到很多話題來跟孩子討論。不妨問問孩子：你曾有這種感受嗎？你覺得這個方法怎麼樣？這個方法對你有用嗎？也可討論一下插圖中的人物。讀過這本書和確認了哪些方法能幫助孩子後，在你的協助下，孩子便有機會按照自己的步調去應付那些情況。如果你願意對孩子付出時間、耐心，支持和鼓勵他們，孩子就一定能學會如何更有自信地跟別人相處。如果你的孩子經常受羞怯、擔心和恐懼的情緒影響，而感到痛苦、干擾日常生活，並錯失許多機會，不妨徵詢醫生或專家的意見，請他們幫助。